LE PREMIER
GRAND PROCÈS INTERNATIONAL
A LA COUR DE LA HAYE

LE PREMIER
GRAND PROCÈS INTERNATIONAL
A LA COUR DE LA HAYE

(NOTES D'UN TÉMOIN)

PAR

J.-A. JACOBSON

Avocat à la Cour de Paris
Rédacteur au « Journal »

PRÉFACE

Par F. de MARTENS
Membre du Tribunal d'Arbitrage

PARIS (5e)
V. GIARD & E. BRIÈRE
LIBRAIRES-ÉDITEURS
16, RUE SOUFFLOT ET RUE TOULLIER, 12

1904

PRÉFACE

—

C'est avec grand plaisir que je me rends à la demande
de l'auteur de cette brochure — qui donne un aperçu
plein de talent sur le premier grand procès international à la Cour de La Haye — d'écrire quelques
lignes de préface.

Comme membre du Tribunal d'arbitrage dans l'af-
faire Vénézuélienne, je n'ai ni des impressions à publier,
ni des appréciations à faire sur la marche de la procédure devant ce Tribunal. Sous ce rapport, je respecte
la pleine liberté de l'auteur, sachant d'avance que ses
appréciations seront pénétrées d'un amour sincère pour
la grande cause que nous défendons, savoir celle de
l'arbitrage international en cas de conflits entre les
nations. En reconnaissant la pleine liberté d'appré-
ciation de l'auteur, je sais qu'il respecte mes idées per-
sonnelles sur la matière qui nous intéresse tous les deux.
Dans ces conditions, je prends la liberté de faire

quelques observations sur l'arbitrage international qui, dans les circonstances actuelles, est soumis à une épreuve bien pénible.

Les tristes évènements d'Extrême-Orient ont découragé beaucoup d'amis de l'arbitrage international et ont jeté le trouble dans les âmes des plus dévoués défenseurs de la paix entre les nations. On se demande à quoi bon la Cour permanente d'arbitrage de La Haye, si une nation contractante de la Convention de La Haye de 1899, sans crier gare, sans déclaration de la guerre, et sans laisser à son adversaire même le temps d'avertir ses autorités militaires de la rupture des négociations diplomatiques, a pu se jeter sur la flotte de l'adversaire et faire couler ses navires. Si une puissance ayant pris part à la Conférence de la Paix de 1899 peut impunément se jeter sur son adversaire sans même attendre la réponse aux propositions faites, à quoi bon respecter la convention de La Haye et à quoi bon construire un palais de la paix ?

Ces questions et ces doutes sont naturels et fondés. Toutefois, il ne faut pas oublier que, dans la nuit du 7 au 8 février, ce n'était pas l'escadre japonaise qui se jetait à Port-Arthur sur les navires de guerre russes. Non, c'était l'Asie qui attaquait l'Europe et c'était le premier choc violent entre la civilisation asiatique et celle de l'Europe chrétienne. Ces deux civilisations ont des idées absolument différentes sur l'arbitrage international. Tandis qu'à Saint-Pétersbourg, jusqu'au dernier moment, on examinait consciencieusement la

possibilité de s'adresser à la Cour Permanente de La
Haye pour vider le conflit avec le Japon, à Tokio on
s'en moquait évidemment.

C'est l'appréhension que le Japon, quoique partie contractante de la Convention de La Haye, n'accepte
jamais le recours à la Cour permanente de La Haye,
qui certainement, a empêché la proposition russe d'y
arriver. A Saint-Pétersbourg on a voulu sérieusement
jusqu'au dernier moment la paix, à Tokio on a voulu
et systématiquement préparé la guerre. L'attaque noc-
turne de Port-Arthur en fait preuve d'une manière ir-
réfutable.

Pourtant, il serait bien regrettable que cette conduite
d'une puissance asiatique pût décourager les sincères
amis de l'arbitrage international. Non, l'avenir lui
appartient sinon en Asie, du moins en Europe.

Dans le monde chrétien et civilisé, l'arbitrage doit
parcourir trois phases : 1° les questions d'un caractère
absolument juridiques seront seules soumises à l'arbitrage ; 2° les questions juridiques seront séparées des
conflits politiques qui ont surgi entre les nations, afin
d'être soumises à la Cour permanente de La Haye ;
3° enfin, dans la troisième et dernière phase, tous les
conflits juridiques ou politiques, entre les nations, trou-
veront le chemin de La Haye et seront vidés par la
Cour permanente.

Dans ce moment-ci, nous ne sommes qu'à la première phase acceptée par la convention de La Haye de
1882 et confirmée par les traités d'arbitrage entre la

France, l'Angleterre et l'Italie de l'année passée. Toutefois, il serait puéril de croire qu'à cette première phase s'arrêtera le développement de l'arbitrage international. Non, je suis profondément convaincu que bientôt arrivera le moment où les nations chrétiennes et civilisées se convaincront de la nécessité absolue de s'adresser à la cour de La Haye pour vider même les questions en litige, dans lesquelles sont mêlés des intérêts politiques d'une importance soi-disant « vitale ».

Mais ce point de vue n'est pas accessible à une nation asiatique. Pour le comprendre, il faut non-seulement une constitution politique appropriée, mais il faut le sentiment de la solidarité avec toutes les nations du monde chrétien et civilisé. Ce n'est que parmi ces nations que se peut développer la profonde conviction que la sanction des sentences arbitrales ne consiste nullement dans une force brutale quelconque de la partie gagnante, mais uniquement dans la force morale de la parole donnée de se soumettre docilement à l'arrêt prononcé et de l'exécuter consciencieusement, sans murmures et sans reproches. Aucune puissance asiatique n'a pu, jusqu'à présent, s'élever à cette conception de l'arbitrage international.

F. DE MARTENS.

La Haye, le 24 Février 1904.

LE PREMIER
GRAND PROCÈS INTERNATIONAL
A LA COUR DE LA HAYE

Quand, au commencement de l'année 1899, on connut l'initiative grandiose que prenait l'Empereur de Russie de convier les chefs d'Etat du monde civilisé à former un Congrès universel pour jeter les bases de l'arbitrage international permanent — il y eut aussitôt deux courants où se manifestèrent les deux « états d'esprit » qui désormais suivront le mouvement pacifiste dans ses développements, comme ils accompagnent du reste tout grand mouvement : celui de l'enthousiasme et de la foi, celui du scepticisme et du doute.

— Que peuvent-ils espérer d'une pareille assemblée ? demandaient les sceptiques en parlant des croyants. Rien au reste mieux que son échec ne démontrera la folie de leurs rêves.

1*

Le 29 juillet, après un échange de hautes vues rationnellement conduit, les représentants dûment autorisés de vingt-six états (1) signaient la Convention de La Haye « pour le règlement pacifique des conflits internationaux ». En 61 articles étaient réglementées « la médiation », les commissions internationales d'enquête et « l'arbitrage » proprement dit. La fédéra..on juridique des nations civilisées était ainsi fondée, son tribunal institué (2).

Il fallait que ce tribunal fonctionnât.

Le 14 octobre 1902, le premier tribunal constitué conformément à la charte de 1899 rendait sa première sentence. A la vérité, le litige qu'il tranchait était presque un différend d'ordre privé (entre les Etats-Unis

---

(1) Allemagne, . Angleterre, Autriche-Hongrie, Belgique, Chine, Danemark, Espagne, Etats-Unis, France, Grèce, Italie, Japon, Luxembourg, Mexique, Monténégro, Pays-Bas, Perse, Portugal, Roumanie, Russie, Serbie, Siam, Suède et Norvège, Turquie, Bulgarie.

(2) Le mot tribunal est pris ici dans un sens général ; mais à ce sujet il est à noter que la désignation exacte de la juridiction internationale est « *cour permanente d'arbitrage de La Haye* », tandis que le « tribunal arbitral » désigne la juridiction instituée en vue d'un litige déterminé.

Quant aux décisions de ces tribunaux, elles portent le nom de « sentences ».

et le Mexique, relativement à certains droits des évêques
de la Haute-Californie) — et encore la décision qui
intervenait ne statuait-elle pas sur le fond du débat,
mais seulement sur « une exception », celle de la chose
jugée qui fut, du reste, admise.

— Manifestation bien platonique ! grommelèrent
alors les réfractaires.

Peut-être, mais le fait n'en était pas moins acquis :
la juridiction de La Haye avait affirmé son existence,
elle avait siégé, elle avait jugé.

Toutefois, il fallait plus et mieux : On avait eu,
comme l'a écrit un publiciste, un « lever de rideau ».
Il fallait « la grande pièce ».

Elle vient d'être représentée, dirons-nous pour con-
tinuer cette métaphore pourtant un peu irrespectueuse,
avec une ampleur telle que désormais toutes les espé-
rances en l'avenir de l'arbitrage sont autorisées.

Il n'entre nullement dans le cadre de cette brochure
de présenter une étude complète du conflit Vénézuélien
puisque nous n'avons voulu noter ici que la physionomie de ce premier grand procès et les impressions
qu'elle nous a laissées.

Aussi bien suffira-t-il de rappeler succinctement les diverses phases des négociations qui devaient heureusement aboutir à la solution pacifique souhaitée.

Le conflit, on le sait, a son origine dans les nombreux emprunts contractés, ces dernières années, auprès des différentes puissances européennes et américaines par la République du Vénézuéla, qui avait à faire face aux incessantes révolutions que l'on connait. Le malheureux pays, ne pouvant payer ses dettes, fut poursuivi de toutes parts et trois de ses créanciers l'Angleterre, l'Allemagne et l'Italie crurent devoir user de force envers leur débiteur, et, de concert, organisèrent un blocus des côtes Vénézuéliennes qui n'alla pas sans entrainer la destruction de la faible flotte ennemie. Ce blocus aboutit, le 13 janvier 1092, à la signature d'un « protocole » ou acte préliminaire signé par la Grande-Bretagne et le Vénézuéla, aux termes duquel les points en litige devaient être réglés par une commission mixte et, en cas de désaccord entre les représentants des puissances, par un tiers arbitre à désigner par le Président des Etats-Unis d'Amérique.

Ce fut le président Roosevelt qui, déclinant la proposition en ce qu'elle le concernait et se souvenant qu'une juridiction internationale venait d'être instituée grace à une merveilleuse entente, engagea vivement les puissances en cause à recourir aux bons offices de la Cour d'Arbitrage de la Haye.

Nouvelles négociations, et nouveau protocole signé à Washington le 7 mai par le Vénézuéla d'une part et par l'Angleterre, l'Allemagne, et l'Italie d'autre part.

Cet arrangement portait que les réclamations des particuliers seraient réglées par une Commission mixte qui siégerait à Caracas, tandis que les questions relatives au traitement *préférentiel* ou *individuel* des puissances demanderesses et au mode de répartition des sommes prélevées à raison de 30 °/₀ sur les recettes douanières de la Guayra et de Puerto Cabello seraient solutionnées par voie de recours porté devant la cour internationale d'arbitrage.

C'est ici, en effet, que nous voyons apparaître la grave question de principe qui doit donner une si haute portée à la décision à intervenir : celle du droit de *préférence*, du caractère de créanciers *privilégiés* invoqué par les trois puissances bloquantes et tiré de leur seule qualité de belligérantes, par rapport aux autres puissances qui, sans coup férir, avaient attendu la levée du blocus pour « produire » leurs créances. Nous verrons tout à l'heure la place que tint au procès la discussion de cette « exception » soulevée : on voit, dès maintenant, l'étendue de la question à résoudre par un tribunal de la Paix : « L'emploi de la force crée-t-il pour les nations un droit de préférence sur celles qui ne l'ont point employée? »

Mais poursuivons notre rapide historique :

L'article 3 de la convention ci-dessus stipulait que l'empereur de Russie serait sollicité de désigner et de nommer, parmi les membres de cette cour permanente, trois arbitres qui ne devraient pas être ressortissants des puissances signataires ou créditrices. Au surplus, tous pays ayant des réclamations à faire valoir contre le Vénézuéla étaient admis par ce protocole à recourir comme parties à l'arbitrage.

Outre les trois puissances qui avaient opéré le blocus, les pays adhérents à la convention du 7 mai étaient les Etats-Unis, la France, l'Espagne. la Belgique, les Pays-Bas, la Suède et la Norvège et le Mexique.

C'est ainsi que se trouvaient engagées dans le conflit presque toutes les grandes puissances d'Europe et d'Amérique, ce qui devait donner une si grande ampleur à la manifestation pacifique ; mais ce qui devait aussi, dans un autre ordre d'idées, embarrasser singulièrement l'empereur de Russie, chargé de désigner trois arbitres de nationalité étrangère aux pays intéressés.

En premier lieu, le tsar conféra ces hautes fonctions à Son Excellence M. Nicolas Mourawiev, ministre de la justice de Russie, Secrétaire d'Etat, puis à M. Lardy, Ministre plénipotentiaire de Suisse à Paris, et à M. le professeur Matzen, l'éminent jurisconsulte, membre de la Chambre haute de Danemark.

Or, postérieurement à cette désignation, déjà délicate parce que restreinte, des citoyens suisses et des sujets danois produisaient à leur tour des réclamations contre le Vénézuéla, de sorte que MM. Lardy et Matzen se voyaient *ipso facto* dans l'obligation de se récuser et de décliner la haute mission à eux conférée.

C'est ce qui explique que la première séance du haut Tribunal, fixée au premier septembre, ne put être tenue à cette date, et, d'accord avec les représentants des diverses nations, dut être ajournée à un mois par son président, seul arbitre présent à La Haye, sans que fut dressé aucun autre acte qu'un procès-verbal de carence, signé par le seul secrétaire général, M. de Ruyssenaers.

A la vérité, ce fut une première déconvenue que, bien entendu, la presse hostile au grand mouvement ne manqua pas d'exploiter avec la douce ironie qui lui est familière. On parla aussi de mauvaise volonté, de manœuvres occultes, d'obstruction systématique de l'un des pays intéressés, l'Allemagne pour ne point la nommer... Toutes allégations qu'il vaut mieux déclarer sans fondement, puisque aussi bien la preuve n'en a pas été rapportée.

D'ailleurs, dans le cours du mois, les deux hautes fonctions étaient pourvues d'éminents titulaires en la personne de M. de Lammasch, membre de la Chambre haute d'Autriche, professeur de droit international et de M. de Martens, professeur de l'Université de Saint-Pétersbourg, membre du Conseil du Ministère des Affaires étrangères, et le 1er octobre, jour fixé, la plus haute juridiction du monde pouvait siéger à la Haye, pour examiner le premier grand conflit international soumis à la loi du Droit.

⁂

Nous voici dans la patrie de Grotius.

La capitale-résidence ne semble pas autrement émue de l'événement dont elle va être le théâtre ; ses paisibles habitants vaquent à leurs occupations avec leur sérénité coutumière.

Vite, renseignons-nous sur la situation exacte du Palais de la Paix : la plupart des habitants, auxquels

nous demandons dans un jargon où un vague allemand
le dispute à un français volontairement corrompu, les
indications nécessaires, croient comprendre qu'il s'agit
du Palais des Congrès et montrent le chemin de la
Hausimbusch. Tout de même, avec l'*adresse* exacte,
on arrive au but : 71 Prinzen gracht.

— C'est là !

Nous sommes dans un large et vieux faubourg, dont
la chaussée, il y a deux mois encore, était un canal aujourd'hui comblé. Au n° 71 est un hôtel particulier,
absolument semblable à ceux qui l'entourent et que
rien ne désigne à l'attention : trois hauts étages à larges
fenêtres, une façade tout en pierre de taille jaunie
qu'agrémentent à peine quelques cariatides, un double
perron à rampe de fer·donnant accès directement sur
la rue : tel est le Palais provisoire de l'Arbitrage, loué
en hâte à un officier d'ordonnance de la Cour qui en
est propriétaire.

Nous entrons dans un vestibule dallé plutôt étroit.
Un conservateur en frac, avenant et polyglotte à
souhait, fait les honneurs de céans et indique tout
de suite du geste, sur la gauche, les deux salons
Louis XV dont les portes de communication suppri-
mées forment baie et dont le plus grand, celui
du fond, constitue la salle d'audience même, alors

que le premier, un peu plus petit, est réservé à l'auditoire. Une sorte de fumoir sert encore de salle des délibérations.

Le bureau du tribunal est recouvert, comme tout le mobilier, d'un tapis en drap vers mousse ; à ses pieds deux petites tables pour les secrétaires et sténographes, et, transversalement, les deux longues tables où s'assiéront les représentants des diverses nations ; les chaises réservées aux assistants portent les armes des différents pays représentés. Aux murs, au-dessous de fort jolis trumeaux de style, s'étage la série des photographies des souverains et chefs d'États des deux mondes, M. Loubet faisant pendant à M. le Président Roosevelt de chaque côté d'un grand portrait en pied de S. M. la Reine Wilhelmine portant cette inscription : *Une Reine de la paix.*

En somme, l'aménagement s'efforce à rendre officielle d'aspect une demeure privée qui ne peut se départir facilement de sa véritable destination et l'impression est quelque peu heurtée que donne cet appartement mondain affecté à une réunion de si haut caractère ! On ne saurait trop souhaiter, pour la dignité d'une pareille institution, que soient employés au plus tôt les fonds si généreusement affectés par M. Carnegie, le richissime américain, à la construction d'un véritable Palais de la Paix (1). Au reste, hâtons-nous d'ajouter que l'impression forcément mesquine produite par un cadre trop restreint va se dissiper rapidement au cours d'une audience où se feront entendre les premiers hommes d'État et les plus éloquents avocats des diverses puissances.

Dix heures et demie. Les délégués sont tous présents, et échangent, en des langues variées où le français domine, les plus courtoises salutations — la plupart ayant déjà fait connaissance lors du Congrès de la Paix, quatre ans auparavant (2).

(1) On sait que M. Carnegie a en effet mis à la disposition de la Cour permanente une somme de 7 500 000 francs qui n'a pas encore trouvé son emploi, puisque les autorités n'ont pas même en vue, à l'heure actuelle, le terrain sur lequel doit s'élever la future construction.

(2) Voici les noms des délégués : *Allemagne* : MM. Buenz, Dr Zorn et Saelmans. — *Belgique* : MM. Woester et Cornez. — *Espagne* : M. de Villa Sinda. — *États-Unis* : MM. Bowen, M. L. Penfiel et W. S. Penfiels. — *France* : MM. Louis Renault, Clunet et Fromageot. — *Grande-Bretagne* : Sir Finlay, M. Cohen. Richards et Lacorn. — *Italie* : MM. Pierantoni et Bosdari. — *Mexique* : M. E. Pards. — *Pays-Bas* : MM. de Weckerlin et Cromelin. — *Vénézuéla* : MM. May Vegh, Bowen et Penfield. La Suède et la Norvège avaient confié leurs intérêts à M. de Weckerlin et l'Espagne avait choisi comme avocat adjoint Me Clunet.

Le Tribunal, composé comme on sait, fait son entrée, sans apparat aucun. MM. de Mouravieff, de Martens et de Lammash portent la simple redingote noire, comme d'ailleurs les délégués eux-mêmes.

Ceux-ci ont pris place et, d'instinct, les représentants des puissances « bloquantes » (Angleterre, Allemagne et Italie) se trouvent réunis de l'un des côtés de la « barre », tandis que les conseils des autres pays sont assis du côté opposé. Voilà qui, déjà, emprunte à la physionomie des juridictions de droit commun : ce sont bien des contradicteurs, des « parties » qui sont en présence et quels que doivent être, au cours des débats, la parfaite urbanité et le tact de chacun, nous allons voir s'accentuer ce caractère qu'il est essentiel de souligner dès maintenant : la similitude presque complète de ce grand débat international, quant à la forme, avec les audiences de nos juridictions privées — et, comme conséquence immédiate, la simplicité du mécanisme, la facilité du développement d'un aussi vaste procès.

*
* *

C'est à M. de Mouravieff, précédemment élu Président par ses co-arbitres, qu'il appartient de déclarer le Tribunal constitué et de prononcer le discours d'ouverture. Les assistants ne peuvent se défendre d'une certaine émotion à cette minute précise où ils assistent effectivement à la « mise en marche » si l'on peut dire, de l'œuvre si longuement préparée, enfin réalisée !

Que dire de la manière dont l'un des ministres les plus éminents de l'empire de Russie a rempli les très hautes fonctions qui lui avaient été conférées ? Rien n'en donnera mieux idée que ce passage d'une allocution vraiment digne de servir d'épigraphe à cette belle page de l'histoire internationale.

« ... Il me paraît presque superflu de signaler en ce moment « solennel à l'attention de l'illustre assistance la haute portée de « cette nouvelle manifestation de l'action judiciaire mondiale, « devenue permanente et régulière depuis que les nations du « monde civilisé, en promulguant la Convention de la Haye, ont « proclamé l'équité intermédiaire suprême, quoique idéale, de « leurs différends, sinon de leurs destinées. Et vraiment, que « pourrait-on donc ajouter à cette superbe évidence que nous « constatons avec une satisfaction profonde les sympathies chaque « jour croissantes des peuples entiers et de l'élite des sociétés « humaines pour la pensée généreuse de l'arbitrage internatio- « nal. organe fidèle et ferme rempart de la paix ; que nous « sommes heureux d'avoir été désignés à faire encore un pas en « avant dans la marche progressive de ce principe fécond et vi- « vace, à travers les épines et les ronces d'une voie fraîchement « tracée, malgré les obstacles multiples disséminés sur son che-

« min. Toutefois, je me reprocherais de passer sous silence la
« signification particulièrement élevée de la réunion actuelle.
« Dans l'ordre chronologique, elle est la deuxième tenue sous
« le régime de la Convention du 29 juillet 1899, mais c'est la
« première due à l'assentiment et au concours de la pluralité des
« puissances de la vieille Europe, d'habitude si lente à se dé-
« partir des pratiques anciennes et des procédés invétérés. Et ce
« qui fait ressortir, ce qui rehausse singulièrement la gravité
« toute exceptionnelle de notre mission arbitrale, c'est que pour
« la première fois elle apparaît aujourd'hui dans sa conception la
« plus sublime, dans son application la plus salutaire, d'arrêter,
« d'enrayer les sanglantes calamités de la guerre. Ne l'oublions
« jamais, le canon, déjà grondant sur les côtes d'un petit pays
« lointain, fut remplacé par la voix pacifique du jurisconsulte, la
« force a reculé, s'est inclinée — puisse-t-elle le faire toujours ?
« — devant le droit ».

Et, comme il convient à un président d'audience
soucieux d'ouvrir au plus tôt les débats, M. de Mouravieff, avant même que soit dissipée l'impression
produite par ces pénétrantes paroles, procède rapidement aux formalités préliminaires en invitant
M. L.-H. Ruyssenaers, ministre des Pays-Bas, à
remplir les fonctions de secrétaire général du Tribunal,
assisté de quatre secrétaires (1), et en déclarant, avec

(1) Ce sont : MM. W. Roell, premier secrétaire du Bureau
international de la Cour permanente d'arbitrage.

l'assentiment des parties, que les débats seront publics, à la condition de présenter une carte délivrée par le Secrétariat général.

Après la lecture de la liste des délégués, une première question, encore préjudicielle, mais fort importante est posée par le Président, qui demande aux délégués d'émettre leur opinion sur la langue dont il sera fait usage devant le tribunal. C'est toujours une grosse question dans une réunion internationale que celle de la langue à employer, et plus particulièrement s'agissant d'une juridiction qui siège pour la première fois, ou peu s'en faut, et dont les décisions créent des précédents pour l'avenir.

Mais cette première discussion, il faut bien le dire, ne pouvait et n'a pas revêtu le caractère judiciaire que nous signalons plus haut. Rien de semblable en effet ne se rencontre dans nos habituels débats, et c'est à peu près à un échange de vues rappelant le début de

John W. Garret, secrétaire de la légation des Etats-Unis d'Amérique à la Haye.

Le comte Granville deuxième secrétaire de la légation de Grande-Bretagne à la Haye.

Le baron de Berwick, attaché au ministère impérial de Russie de la justice.

quelque réunion savante que nous avons assisté. Mais nous revenons à la forme judiciaire parfaite avec la décision qui était rendue le lendemain sur ce po.. . par le Tribunal et dont les « considérants » présente .t le plus grand intérêt au point de vue des grands proc..s fu'urs.

En voici le texte :

Le tribunal arbitral,

Considérant,

« Que l'Allemagne, la Grande-Bretagne, l'Italie et le Véné-
« zuéla, par le protocole du 7 mai 1903 signé à Washington, ont
« déclaré (art. IV) la langue anglaise comme la langue adoptée
« pour la procédure (Proceedings`.
   « Qu'aucune des puissances adhérentes au susdit protocole,
« excepté la France, n'a fait de réserves formelles concernant la
« stipulation sus-mentionnée ;
   « Que les réserves faites par la France n'ont soulevé aucune
« opposition formelle de la part des puissances intéressées ;
   « Considérant que la décision du tribunal sur les langues à
« employer n'implique aucune préférence à donner à une langue
« quelconque, mais quelle est inspirée seulement par des consi-
« dérations de convenance ayant trait uniquement à ce cas spé-
cial ;
   « Qu'il est impossible d'exiger des Membres du tribunal et des
« représentants des parties l'emploi des langues qui ne leur sont
« pas familières ; et d'autre part que la langue française est pra-
« tiquée généralement dans toutes les réunions et transactions
« internationales ;

« Décide :

« 1° Les procès-verbaux, les discussions et la sentence du tribunal d'arbitrage seront rédigés en Anglais et en Français. Les
« deux rédactions auront la même valeur authentique et juri-
« dique ;

« 2° Les mémoires écrits ou imprimés seront présentés en
« langue anglaise et pourront être accompagnés d'une traduction
« dans la langue du pays par lequel ils seront produits ;

« 3° Les débats devant le tribunal pourront avoir lieu en An-
« glais ou en Français.

C'est bien là la décision de justice avec ses motifs
empruntés aux éléments de la discussion et son « dis-
positif » de forme impérative. Mais ce qui n'eut rien
de judiciaire, ce fut la tentative de discussion qui suivit
la lecture de la décision : M. Woeste, délégué belge,
en fit fort à propos la remarque. Le Tribunal surtout
eut le tort — qu'on nous permette de le dire respec-
tueusement — de prononcer une « déclaration » complémentaire qui semblait déférer à une demande
d'éclaircissements inadmissibles après sentence rendue.
Il est juste d'ajouter qu'à l'une des séances suivantes,
où plusieurs des délégués ne craignirent pas de
remettre encore la même question en discussion, le
Président rappela que le Tribunal avait rendu une

décision à ce sujet et que l'article 46 de la Convention de La Haye interdit tout nouveau débat en pareil cas.

Nous retrouvons la véritable forme judiciaire — qu'on nous pardonne de revenir avec cette insistance sur un point, suivant nous, capital — avec la discussion relative à la qualité que prendront respectivement les parties aux débats. Il s'agit de l'ordre dans lequel seront présentées les prétentions des différentes nations. Or, étant donné qu'il s'agissait de la répartition entre divers créanciers des deniers d'un débiteur commun, quelques-uns invoquant un privilège (d'une nature spéciale, il est vrai) l'une des deux procédures qui figurent, dans presque toutes les législations des pays intéressés, semblait indiquée : la procédure de l'ordre ou de la contribution, suivant qu'un privilège serait ou non reconnu à certains créanciers.

Mais ce procès international présentait précisément cette particularité que le privilège invoqué n'était défini ni reconnu nulle part, qu'il faisait l'objet même du débat, et que ni l'une ni l'autre de ces procédures ne pouvait exactement s'appliquer, quant à la qualification des parties.

C'est pourquoi, au nom des principales puissances non bloquantes, M⁰ Clunet déposa des conclusions où il demandait d'attribuer aux puissances bloquantes la qualité de « demanderesses » parce qu'elles invoquaient un prétendu privilège dont il leur demandait de faire la preuve — et de reconnaître aux puissances concluantes la situation de « défenderesses » — défendant à « l'exception » proposée.

Ces conclusions valent d'être reproduites pour le mérite qu'elles ont de présenter un parfait caractère juridique.

Pour : La Belgique, l'Espagne, la France, les Pays-Bas, la Suède et la Norvège. Parties défenderesses.

Contre : L'Allemagne, la Grande-Bretagne, l'Italie. Parties demanderesses.

Plaise au tribunal arbitral,

« Attendu que l'Allemagne, la Grande-Bretagne et l'Italie ré-
« clament un traitement préférentiel au détriment des autres
« puissances qui ont des créances à faire valoir contre le Véné-
« zuéla ;
« Attendu qu'elles demandent ainsi un véritable privilège con-
« traire au droit commun, d'après lequel les divers créanciers
« d'un même débiteur ont des droits égaux sur les biens de ce-
« lui-ci, à moins d'un droit de préférence expressément reconnu
« par le droit ;
« Attendu que, c'est un principe général, que toute partie

« demanderesse doit d'abord faire connaître les motifs de sa de-
« mande et que la partie défenderesse répond ensuite ;

« Par ces motifs :

« Décider que, dans le plus bref délai possible à fixer par le
« tribunal,

« 1° L'Allemagne, la Grande-Bretagne et l'Italie communique-
« ront aux autres puissances leurs conclusions motivées à l'appui
« de leur prétention ;

« 2° Que dans un délai raisonnable à fixer par le tribunal, les
« autres puissances répondront aux précédentes conclusions ;

Le 2 octobre 1903.

> Signé : Ch. WOESTE,
> Marquis de VILLASINDA,
> L. RENAULT,
> WECKHERLIN,
> (pour les Pays-Bas, la Suède et la Norvège).

Cette thèse devait être énergiquement et utilement combattue par les puissances bloquantes dont l'une, l'Allemagne, soutint, non sans apparence de raison, qu'on pouvait tout aussi bien considérer comme parties demanderesses « au principal » les puissances non bloquantes, réclamant leur part du gage dont les puissances bloquantes avaient la possession effective.

Le délégué de l'Angleterre, M. Cohen, fit valoir cet autre argument intéressant, à savoir que le tribunal ne

pouvait attribuer la qualité de demandeur ou défendeur, sans préjuger de l'existence même du privilège
en question, et il déposa, à l'appui, des conclusions,
où, s'en référant au protocole du 7 mai, il demandait
au tribunal d'ordonner purement et simplement le
dépôt des mémoires et contre-mémoires et de fixer la
date des débats oraux.

Ces conclusions furent, en somme, accueillies par le
Tribunal, qui rendit la décision suivante :

« En vertu des articles II et IV du protocole du 7 mai 1903
et des articles 39, 40, 42, 43 et 49 de la Convention du 29 juillet 1899.

Le tribunal décide :

1° Les parties présenteront au tribunal et se communiqueront
mutuellement, en nombre suffisant d'exemplaires, les actes imprimés ou écrits et les documents contenant les moyens invoqués
dans la cause, pas plus tard que le 18 octobre ;

2° Les répliques imprimées ou écrites à ces actes et documents
pourront être produites par les parties dans les mêmes conditions
jusqu'au 2 novembre inclusivement ;

3° Après l'expiration de ces délais, mais avant la clôture des
débats, les parties ne pourront présenter des actes ou documents
que sur une autorisation spéciale du tribunal et à charge d'en
donner connaissance à toutes les autres parties ;

4° La prochaine séance du tribunal pour la discussion orale
aura lieu le 4 novembre prochain. »

Une décision complémentaire rendue à la séance du lendemain précisa que « les délégués des Parties plaideraient dans l'ordre alphabétique (anglais) des pays qu'ils représentaient » — et ainsi furent réglées les principales questions de procédure de forme.

On se demandera peut-être, puisque nous avons examiné rapidement quel pouvait être le rôle juridique de chacune des parties aux débats, quel est celui qui était attribué à la République de Vénézuéla dont, en somme, il s'agissait de répartir les deniers. Pauvre Vénézuéla ! Son rôle fut aussi effacé au procès qu'il l'avait été au cours des hostilités si cruellement dirigées contre lui. Dans cette vaste « contribution » il avait le triste emploi de « partie saisie » assistant sans trop murmurer au débat qui se livrait, comme on dit, sur son dos. Sa cause avait été prise en mains, avec quelle énergie ! par les Etats-Unis, il avait partie liée avec eux et il les laissait agir et parler d'autant plus facilement que leur représentant était le sien.

Pendant tout le mois d'octobre, ce fut le travail silencieux mais combien actif, de l'échange des mémoires et des contre-mémoires entre les parties.

On comprendra que nous n'entrions pas dans le détail des prétentions élevées et combattues par chaque puissance : on en trouvera les éléments et les documents dans des études spéciales (1). Nous ne pourrons donner ici qu'un historique extrêmement rapide et surtout un aperçu de la physionomie de la haute juridiction fonctionnant pour la première fois.

Dans cet ordre d'idées, les audiences qui eurent lieu du 4 au 14 novembre nous appartiennent, puisqu'elles furent consacrées aux débats mêmes, c'est-à-dire aux plaidoiries des avocats et délégués des puissances.

C'est alors surtout que s'est affirmé le caractère judiciaire qui nous semble la meilleure garantie de la vitalité à venir de la juridiction internationale.

Cette fois, point de discours du Président : quelques mots pour inviter les orateurs à la concision nécessaire à la clarté des débats. Plus de discussions, de dialogues ni de conversations : des plaidoiries, se déroulant dans leur plénitude, au milieu de l'attention et du silence indispensables, ordonnées et développées par des orateurs, des avocats éminents et exercés. Puis, les plaidoiries terminées, des répliques, suffisamment

____

(1) Notamment la Revue de *Justice internationale* dirigée par M. G. Hubbard, député, (numéro de janvier 1904).

brèves et s'appliquant étroitement aux arguments nouveaux. Enfin la clôture des débats prononcés et le renvoi au premier jour pour le prononcé du jugement.

Un écueil redoutable, en effet, et qui avait certainement dicté au respecté Président son avis préalable, c'était les « redites » possibles par les avocats successifs, notamment ceux des puissances non bloquantes qui d'une même cause, devaient, à tour de rôle, combattre la thèse du privilège invoqué par l'adversaire.

Or, il n'en a rien été, tant il est vrai que des cerveaux différents et des tempéraments divers, particulièrement séparés en l'espèce par leurs races mêmes, doivent concevoir et présenter un même sujet sous des aspects dissemblables.

C'est ainsi que nous avons eu une première impression de ce contraste dès la séance d'ouverture au cours de laquelle ont successivement pris la parole MM. Woester pour la Belgique et M. Clunet pour la France. Sans que les représentants des deux pays se fussent jamais concertés, il s'est trouvé que le premier a plaidé exclusivement en droit et le second presque uniquement sur le terrain du fait, l'un rattachant sa discussion au caractère juridique du privilège, l'autre s'efforçant d'établir qu'à aucun moment l'adversaire n'avait eu la pensée de prétendre à un traitement préférentiel. Et puisque nous nous trouvons amené à un parallèle entre les deux orateurs, pourquoi ne pas souligner aussi la différence entre leur personne et la forme de leurs magistrales plaidoiries : M. Woester, un chef de parti éminent en Belgique, au profil sec et tranchant, à la parole brève et nette de l'homme habitué à commander, d'une incontestable autorité. M° Clunet, une tête puissante de travailleur énergique adoucie par des yeux bleus de myope, la parole large, soutenue et enveloppée toujours d'une parfaite courtoisie. Le représentant de la France a fourni là un magnifique effort dont, paraît-il, des lettres patentes de satisfaction l'ont récompensé, ainsi que ses collègues de la délégation, le très savant professeur Léon Renault et M° Fromageot, avocat à la Cour d'appel, qui ont contribué à donner à notre représentation une autorité et un prestige unanimement reconnus.

Avec le délégué de l'Allemagne, qui prenait le premier la parole en anglais au nom des « bloquantes » contre les « pacifiques » (ces deux appellations elliptiques étaient devenues courantes dans la bouche des orateurs) nous sommes entrés dans le vif du débat. L'honorable M. Bunz, consul général d'Allemagne à New-York, qui représentait bien, il faut le dire, un pays d'autocratie, n'a négligé aucun des arguments fournis par les deux premières puissances déjà entendues et sa conclusion fut formulée avec une intraitable fermeté, pour ne pas dire avec dureté. « L'action des bloquantes ayant servi les intérêts de tous, elles ont le droit de revendiquer le privilège résultant de cette action ».

M. Wayne Mac Veagh, délégué de Vénézuéla, avait déjà prononcé son discours lors de la première réunion du tribunal en octobre. Mais le ton ni l'effet n'en étaient oubliés en novembre. On le vit bien dès que la parole fut donnée au très éminent représentant de la Grande-Bretagne qui n'était autre que sir Robert, B. Finlay, membre du Parlement anglais et attorney général (chef suprême du parquet) un bien bel orateur, de superbe prestance avec son visage glabre, tout de froideur et de finesse. M. Mac Veagh, en effet, avait été à la fois le porte-paroles du Vénézuéla et des Etats-Unis et — pourquoi ne pas l'écrire ici — de la grande et belle lutte oratoire à laquelle a donné lieu le procès de La Haye se détache très nettement le duel entre l'Angleterre et les Etats-Unis, ceux-ci ayant porté les premiers coups avec une impétuosité trahissant l'audace de la réussite sans cesse grandissante, celle-là parant les coups et y ripostant avec le sang-froid un peu hautain que donne une vieille et solide puissance : dans chacun de ces rôles, les deux protagonistes dont nous venons de donner les noms ont rempli à souhait leur emploi respectif. Là, il faut le reconnaître, le débat s'est élevé au-dessus des discussions purement judiciaires : il se vidait entre deux rivaux heureux de l'occasion de se rencontrer.

D'autres figures intéressantes se sont dessinées encore au cours de ces dix audiences où décidément la langue française l'a emporté de beaucoup puisque trois orateurs seulement ont usé de l'anglais. C'est ainsi que nous avons entendu avec grand plaisir le jeune délégué espagnol, M. le marquis de Villarinda dont la plaidoirie fut remarquable de forme et de fond et aussi, dans une tout autre note, le commandeur Augusto Piérantoni, pour l'Italie, un orateur de puissante stature et de verbe retentissant, dont l'esprit fut parfois un peu facile, mais dont la valeur est incontestable.

*
* *

Il faut nous borner.

La sentence, si impatiemment attendue, sera rendue au moment où ces lignes paraîtront. Quelle qu'elle doive être, et quelles que soient nos préférences — qui se devinent et pour cause — nous emportons des audiences suivies cette double conviction : que la décision sera inspirée uniquement par le droit et l'équité — et qu'elle sera exécutée sinon sans regret du moins sans murmure par les parties qui ont accepté, dans un bel élan, de s'y soumettre.

Et notre conclusion, c'est que, après de pareils débats, si facilement conduits, si parfaitement développés, tout espoir dans l'avenir de l'arbitrage est autorisé.